Mit figuren von

lauren child

Schnee ist mein Lieblings-ALLER-Bestes!

Fischer
Schatzinsel

Fischer Schatzinsel
www.fischerschatzinsel.de

Der Text basiert auf dem Skript der englischen Fernseh-Serie von Samantha Hill

Aus dem Englischen von Karen Thilo und Martin Frei-Borchers,

Redaktion Hilla Stadtbäumer

Illustrationen aus der Original-Fernsehserie, produziert von Tiger Aspect

Die englische Originalausgabe erschien 2006 unter dem Titel
»Snow Is My Favourite And My Best« bei Puffin Books, London

Satz: Pinkuin Satz und Datentechnik, Berlin
Printed in China
ISBN 978-3-596-85333-5

Nach den Regeln der neuen Rechtschreibung

Ich hab 'ne kleine Schwester: Lola.
Sie ist klein und ziemlich komisch.
Heute ist Lola extrem aufgeregt,
weil der Mann im Wetterbericht sagte,
es gibt Schnee.

Lola kann's nicht erwarten, dass es schneit.
Sie sagt: »Schnee ist mein Lieblings-ALLER-Bestes!«

Ich sage: »Denk dran, Lola, es schneit nur, wenn es wirklich sehr, sehr kalt ist. Papa hat gesagt, es schneit wohl nicht vor Mitternacht. Oder sogar morgen erst.«

»Ich weiß«,
sagt Lola,
»aber es ist gerade
unheimlich
sehr kalt.
Darum glaub ich,
es **schneit** schon
früher als
Mitternacht!«

Als es Zeit ist, ins Bett zu gehen, sagt Lola: »Glaubst du, es hat schon angefangen zu **schneien**, Charlie?«

»Nein. Geh **schlafen**, Lola.«

Lola sagt: »Ich kann nicht, weil vielleicht fängt es an, wenn ich eingeschlafen bin und **schlafe**.

Ich guck noch ein **einziges** Mal ... **Nein** ... Noch **nicht**.«

»Siehste?«, sage ich.
»Geh jetzt **schlafen.**«

Aber ein paar Minuten später
höre ich sie schon wieder
aus ihrem Bett krabbeln.

»Nur **gucken!**«

»Oooh!«, sagt Lola.
»Es **schneit!**«
Charlie, komm schnell!
Es **schneit**, in echt,
es **schneit wirklich!**«

Dann sehen wir dem Schnee zusammen zu.
Lola sagt: »Können wir JETZT rausgehen
und damit spielen?«

»Nicht jetzt, Lola«, sage ich. »Warte bis morgen.
Dann gibt es noch mehr Schnee, und wir können
Schlitten fahren mit Marvin und Fritzi.
Und DU baust einen Schneemann, wenn du willst.«

Am nächsten Morgen
ruft Lola:

»Charlie!

Steh auf, Charlie!

Mama! Papa!

Hier ist alles

apselut weiß geworden!«

Mama und Papa sind mit uns
in den Park gegangen und
Lola hatte recht: Alles war
absolut vollkommen **weiß**.

Im Park treffen wir Marvin und Lotta.
Und ich frage Marvin: »Wo ist Fritzi?«

»Ja«, sagt Lola. »Wo ist Fritzi?«

Marvin zeigt auf einen kleinen Schneehaufen.
»Er ist hier!«, sagt er.
»Guckt mal!«

Lotta und Lola machen
Engel in den Schnee.
Lola sagt,
»Schnee
ist mein
Lieblings-
ALLER-
Bestes!«

»Meins **auch!**«, sagt Lotta.
»Ich LIEBE **Schnee!**«

Dann suchen wir uns einen riesengroßen Hügel
und sausen mit dem Schlitten runter. Mit Fritzi!

Ich sage: »Achtung,
Fertig?
Looos!«

Uaaaaaaaaaaa

aaaaa...!

»Jetzt bauen wir
einen Schneemann!«,
sage ich zu Marvin.

Lotta sagt:
»Und wir machen
ein Schneehündchen,
komm, Lola!«

Später gehen wir nach Hause und trinken heiße Schokolade.
Marvin sagt: »Mhhhm, ich liebe heiße Schokolade!«

Lola sagt:

»Und ich liebe Schnee. Morgen fahr ich mit dem Schneehund und Fritzi 'ne Runde auf dem Schlitten.«

»Und ich mach eine Schneehundehütte. Aus Schnee«, sagt Lotta.
»... und was ist mit Schneehundebabys?«

»Ja, wir machen uns GANZ viele Babys!«

Aber als wir am nächsten Tag im Park ankommen,
kann Lola überhaupt gar nichts machen.

»Er ist weg!«, sagt sie.
»Der ganze wunderschöne Schnee
ist apselut verschwunden!
Nichts ist mehr weiß, Charlie.
Alles ist kalt
und nass
und braun.
Und der Schneehund ist weg.«

Also gehen wir
wieder nach Hause.

Lola fragt:
»Warum **schneit** es
nicht **jeden** Tag?«

Und ich sage:
»Dann wär's nichts Besonderes mehr.
Stell dir mal vor,
du hättest jeden Tag Geburtstag.
Party und Kuchen und Geschenke
an JEDEM einzelnen Tag.«

Und Lola sagt:
»Na und? Was wär denn daran
so schlimm?«

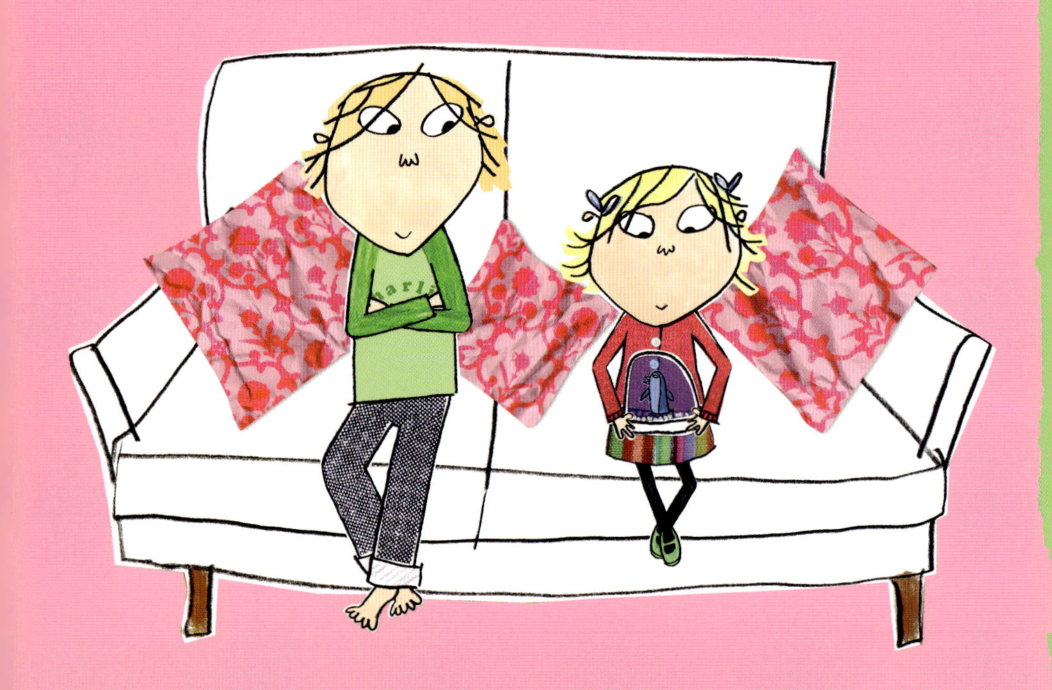

Ich sage:
»Es wäre keine Überraschung mehr, oder?
Ich weiß nicht, ob jeden Tag Schnee dir
gefallen würde.«

»Bestimmt, Charlie«, sagt Lola.
»Schnee ist mein
Lieblings-ALLER-
Bestes!«

Da habe ich eine supergute Idee.
»Also, stell dir mal ein
vollkommen weißes
Land vor …

… wo es jeden Tag schneit und kalt ist.
Das ist die Arktis.«

»Guck mal, ein Eisbär«, sagt Lola.
»Was macht der da, Charlie?«

»Der geht schwimmen.«

»Ich will auch schwimmen«, sagt Lola.
»Wo ist der Strand?«

Ich sage:
»Hier gibt's keinen Strand, Lola.
Für uns ist es hier viel zu kalt zum Schwimmen.«

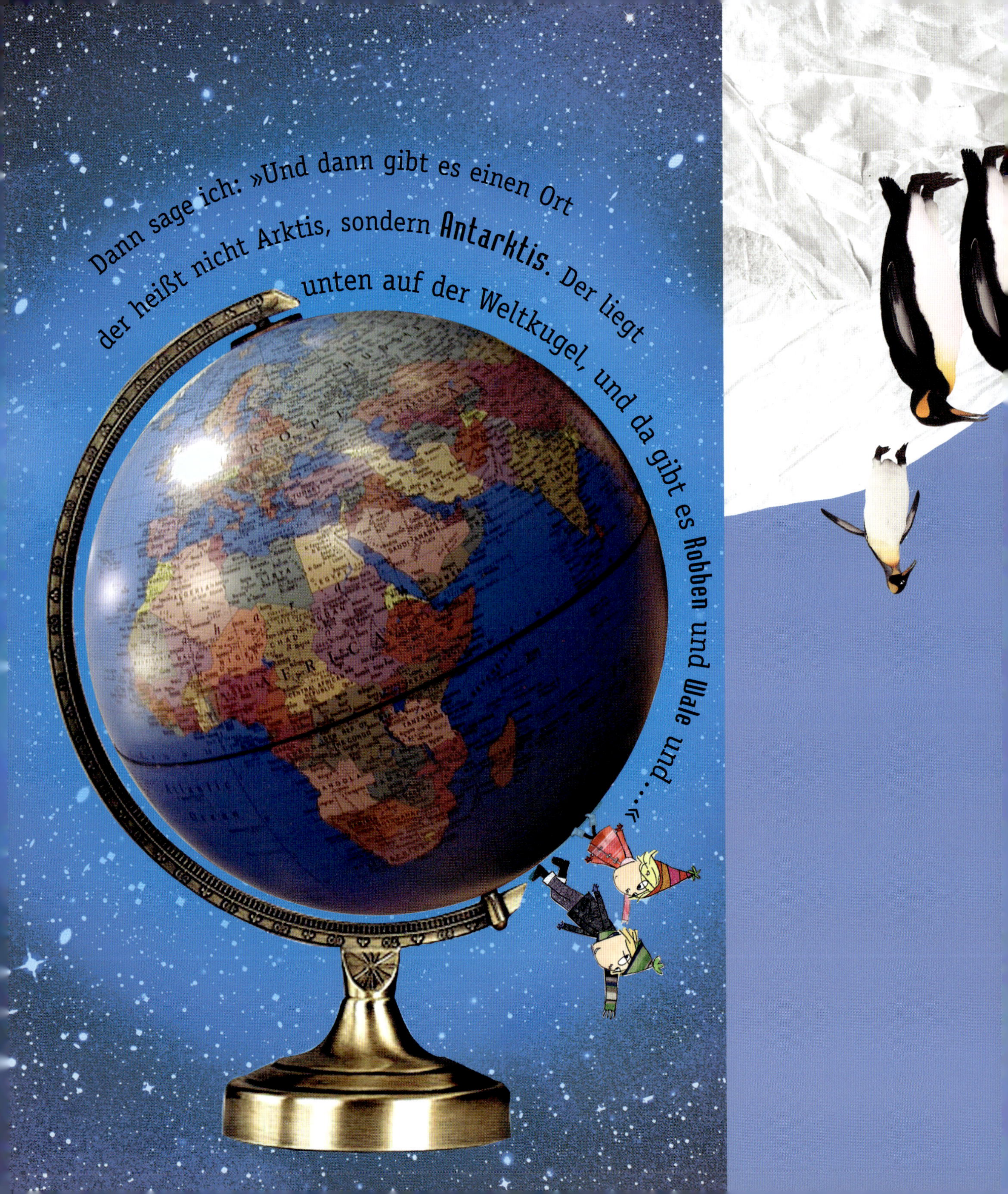

Dann sage ich: »Und dann gibt es einen Ort der heißt nicht Arktis, sondern **Antarktis**. Der liegt unten auf der Weltkugel, und da gibt es **Robben** und **Wale** und ...«

»... **Pinguine**!«, sagt Lola.

»Sehen die **Pinguine** nicht **schick** aus, Charlie?

Als wenn sie zu einer **Party** gehen würden!

Ich hätte jetzt auch gern mein **bestes** schickes Partykleid an, weißt du, das **gestreifte**.«

Und ich sage:

»Du kannst unmöglich in der **Antarktis** dein **gestreiftes** Kleid anziehen. Du musst die **ganze** Zeit den **Mantel** anhaben, so **kalt** ist es.«

»Ach ja«, sagt Lola. »Hab ich vergessen.«

Dann sage ich: »Aber wenn alles voll Schnee ist, kann man schlittern …
»Äh, ja, Charlie«, sagt Lola. »Aber können wir jetzt nach Hause?«
Und ich sage: »Aber warum? Ich dachte, Schnee wäre dein Lieblings-ALLER-Bestes?«

Los komm!«
Und ich sage: »Ist doch phantastisch, oder?«
Und wir schlittern zusammen mit den Pinguinen über das Eis.
»Juchuuu!«, ruft Lola.
Lola sagt: »Ist er auch. Mir ist nur grad ein bisschen kalt.«

»Schnee ist mein Lieblings-ALLER-Bestes, Charlie«, sagt Lola, »aber wenn es immer so viel Schnee gäbe, könnte man ganz viele Sachen gar nicht tun! Also haben wir ganz schön Glück, oder? Wir können schwimmen gehen und gestreifte Kleider haben UND haben Schnee.

Aber ich bin auch ein bisschen trauri dass der ganze Schnee weg ist.«

Und da sage ich: »Ich hab eine

berraschung für dich.
icht hingucken!«

»Ein klitzekleiner **Schneemann**,
der im **Eisfach** wohnt!«,
sagt Lola. »Wie kommt
er denn da rein?«

»Keine Ahnung!«, sage ich.

Lola sagt: »Er schmilzt!«

Ich sage: »Soll ich ihn wieder reinstellen? Zum Behalten?«

»Nein, Charlie«, sagt Lola. »Komm, wir gucken wie er schmilzt!«